DÉCROISSANCE SIMULTANÉE

DE L'AS ET DU PAN-LIANG

L'une des pratiques monétaires les plus généra-
lement usitées en temps de guerre ou de troubles, a
consisté dans l'exhaussement de la valeur nominale
de la monnaie sans élévation de sa valeur intrinsèque.
Tous les pays ont usé à l'occasion de cette pratique,
mais, en aucun d'eux, elle ne s'est manifestée d'une
façon plus sensible qu'à Rome et en Chine.

A Rome, avant les guerres puniques, on se servait
d'une monnaie de bronze, dite As libral, laquelle fut,
d'après les textes, réduite du poids d'une livre, ou 12
onces, à celui de 2 onces, pendant la première guerre
punique (246-241 av. J.-C.), et à celui d'une once,
pendant la deuxième, sous la dictature de Q. Fabius
Maximus (217 av. J.-C.).

Comme on trouve un nombre considérable d'as de
bronze pesant 4 et 3 onces, on en a conclu, avec juste
raison, que le poids de l'As libral avait suivi une
diminution progressive et n'était pas tombé, d'un
coup, d'une livre au sixième de cette livre. Sur ce
dernier fait tous les auteurs modernes sont d'accord,
mais ils ne le sont pas sur les dates des réductions
successives, car tandis que les uns acceptent comme
exactes les indications des anciens, d'autres les
considèrent comme en partie erronées et prétendent
que la réduction qui eut lieu pendant la première
guerre punique fut trientale et non sextantaire, c'est-
à-dire des $\frac{2}{3}$ et non des $\frac{5}{6}$ du poids de l'As libral.

(1) Lecture faite à l'académie des Inscriptions et Belles-Lettres
le 9 décembre 1898.

Les numismates, toutefois, sont d'accord pour dater de la dictature de Q. Fabius et attribuer à la loi Flaminia, due à C. Flaminius (1) et à C. Servilius, consuls en l'année de cette dictature (537 de R., 217 av. J.-C.) l'As du poids d'une seule once.

Le poids de l'As ne s'arrêta pas à l'once, dans sa décroissance ; il descendit à une fraction inférieure de l'once (100 ans environ av. J.-C.) puis remonta à la demi-once, en vertu de la loi Plautia Papiria (89 av. J.-C.) (2) et enfin s'arrêta et se fixa au tiers de l'once.

Voici les figures d'un as oncial pesant environ 30 grammes et d'un as de L. Titurius, qui ne pèse que 8 grammes. La première vignette devrait porter le nom de Rome, ROMA, au dessous de la proue, en exergue.

Sur la deuxième, on lit au R : L. TITVRI.

Pendant que la décroissance de valeur intrinsèque de l'As avait lieu à Rome, sans que la valeur nominale

(1) Postea Hannibale urgente, Q. Fabio Maximo dictatore, asses uncia facti. (Pline, *Hist. Nat.* XXXIII, 13.)

(2) Mox lege Papiria semiunciarii asses facti (*Ibid. l. c.*, 46.)

en fut diminuée, un phénomène monétaire absolument semblable se passait en Chine.

En Chine, à côté d'autres monnaies dont j'ai parlé autre part, courait, depuis une époque très ancienne, celle que l'on désigne aujourd'hui sous le nom de sapèque, une rondelle de cuivre percée d'un trou.

Cette rondelle percée d'un trou, je l'ai toujours considérée, dès qu'elle est devenue l'objet de mon étude, comme un anneau aplati. Il n'existe pas, en effet, d'autre moyen d'expliquer le trou central, rond ou carré, qui la caractérise ? Je fis connaître au public, en 1890, cette opinion absolument inédite, sans pouvoir produire à l'appui, à ce moment, aucun texte authentique. Mais deux ans plus tard, parut le « Catalogue of Chinese coins » de Terrien de Lacouperie, dont la partie relative aux anciennes monnaies rondes commence par cet extrait du Chou-King : « Vers 947 av. J.-C., durant le règne du roi Mou, de « la dynastie des Tcheou, des ordonnances furent « faites qui permirent le rachat définitif, par amendes, « des pénalités consistant en marques infamantes, « mutilation ou mort. Le coupable pouvait se rache- « ter en payant 100, 200, 500 ou 1000 hoans. » (1).

Je ne m'arrêterai pas à l'intérêt que présente ce texte au point de vue du rachat pécuniaire des pénalités corporelles. Je me bornerai à faire remarquer deux faits numismatiques d'une extrême importance : le premier est l'existence de la monnaie, en Chine, au xᵉ siècle avant J.-C. et le deuxième est la forme annulaire de cette antique monnaie chinoise. L'idéogramme de cette monnaie, que l'on prononce Hoan, signifie *anneau*. J'avais donc raison de considérer comme un anneau aplati, la rondelle trouée qui est, depuis l'antiquité la plus reculée, la principale monnaie de la Chine et que nous désignons sous le nom de sapèque.

La sapèque fut, dans l'origine, anépigraphe, comme

(1) Partie IV, chap. xxvii.

les rondelles trouées ou anneaux aplatis de l'ancienne
Egypte. Le British Museum possède un spécimen de
cette sapèque primitive : il a 43 $^m/_m$ de diamètre, et
le trou intérieur, rond, en a 15

Comment faut-il établir chronologiquement les
monnaies dont les émissions suivirent, à des époques
encore incertaines, l'apparition de la sapèque anépigraphe ?

Si l'on en croyait les numismates chinois et les
auteurs européens qui les ont plus ou moins copiés,
on ne tiendrait pas compte, dans le classement de
ces très anciennes pièces, d'une loi numismatique qui
est générale : celle de la décroissance progressive de
poids dans chaque série monétaire. Ainsi, dans les
catalogues chinois et dans celui de Lacouperie, les
premières monnaies à la marque du *Pan Liang* (1/2
once), qui pèsent jusqu'à près de 40 grammes, n'arri-
vent qu'après d'autres, 3 et 4 fois plus légères, sur
lesquelles est inscrit le poids du *1 liang 12 chu*
(1 once 1/2) et même *1 liang 14 chu*. N'est-il pas plus
conforme à la règle que les plus légères n'apparais-
sent qu'après les plus lourdes ? Quoiqu'il en soit de
ceci, ce n'est pas sur ce point que je désire appeler
l'attention du lecteur.

Ce qui me paraît très remarquable, c'est la décroissance progressive de format et de poids du Pan-
Liang même.

On possède au British Museum un spécimen de
Pan-Liang pesant 38 grammes 87. Il serait antérieur
à l'époque où la monnaie de ce nom, sans modifier
son appellation et par conséquent sa valeur nominale,
aurait commencé à diminuer de poids et de format,
ce qui aurait eu lieu au milieu du III° siècle.

Sous la dynastie des Han, en 136 av. J.-C., le Pan-
Liang courait encore, mais dans un format et avec
un poids très réduits : il ne pesait plus alors que deux
grammes. Pendant le siècle 1/2 qu'a duré son cours,
le Pan-Liang, après avoir pesé près de 40 grammes,
puis 23, 9, 7, 6, 5, 4, etc., est tombé jusqu'à 1 gramme,
puis est remonté et s'est tenu à 2 grammes environ.

En somme, le Pan-Liang, d'un poids et d'un format très inférieurs à ceux de l'As, a parcouru, comme celui-ci et vers la même époque, une voie décroissante qui l'a fait descendre de près de 40 grammes à 2 seulement, et, ce qui ajoute à la ressemblance de la monnaie chinoise avec la romaine, c'est que, comme l'As se divisait en 12 onces, le Pan-Liang se divisait en 12 chu.

Voici les représentations de deux spécimens de Pan-Liang de ma collection, pesant l'un 8 et l'autre 2 grammes.

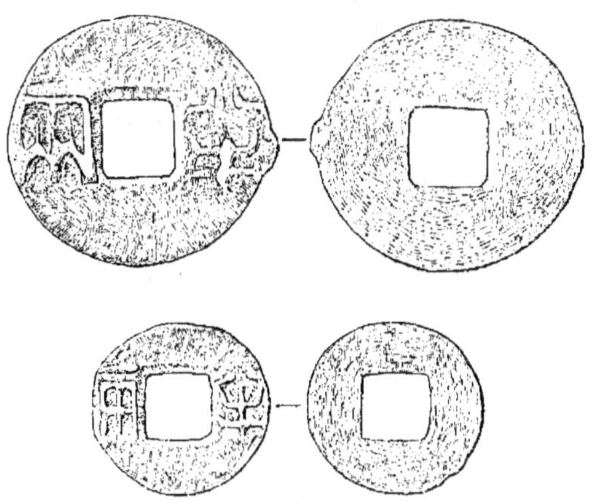

Le Pan-Liang, se divisant en 12 chu, était l'unité supérieure d'une échelle monétaire duodécimale, de même que l'était, à Rome, l'As composé de 12 onces.

Mais, en Chine, de même qu'à Rome, à côté de l'échelle duodécimale, apparut, très peu d'années avant l'ère chrétienne, l'échelle décimale représentée par des pièces, en cuivre, comme les précédentes, dont les légendes : 1 chy, 2 chy, 3 chy, 4 chy, 5 chy, c'est-à-dire 1/10, 2/10, 3/10, 4/10, 5/10, indiquaient clairement la valeur nominale.

L'unité à laquelle se rapportaient ces dernières espèces divisionnaires ne pouvant être que le Liang, autrement dit l'once chinoise, il s'ensuit que ces espèces, sur lesquelles étaient inscrits des dixièmes de l'once auraient dû peser, à numérateur égal, plus que celles dont la marque étaient des douzièmes de la demi once; or, il n'en est rien, car le plus lourd des ou-chy (5/10) du catalogue Lacouperie est du poids de 87 grains anglais (5 grammes 63).

Dans la supposition que le chy s'appliquerait au Pan-Liang au lieu de se rapporter au Liang, l'ou-chy deviendrait la moitié du Pan-Liang dont nous avons vu que le plus ancien spécimen conservé au British Museum pèse près de 40 grammes (exactement 38 grammes 87). L'ou-chy, à ce compte, devrait peser près de 20 grammes : on voit combien il en est loin. Il faut en conclure que l'échelle décimale a paru, en Chine, après que la décroissance progressive du Pan-Liang a eu produit son effet, ce qui vient à l'appui de la date, voisine de l'ère chrétienne, à laquelle on place l'émission des pièces de cette échelle.

Il ressort, en outre, du poids du plus ancien spécimen de Pan-Liang que l'on connaisse (600 grains anglais = 38 grammes 87), que le Liang chinois de ces temps reculés pesait près de 80 grammes. Or, qui peut dire qu'il n'en a pas existé de plus ancien et par conséquent de plus lourd, et que le poids primitif du Liang n'était pas voisin de celui du Tabnou égyptien ? Ce n'est là qu'une hypothèse. Ce qui ne l'est pas, c'est que le Pan-Liang chinois ait diminué de format et de poids en même temps que l'As romain : Le but de cette étude était de signaler et de démontrer ce point très curieux d'histoire monétaire.

LOUIS LÉANCARD